LES

DROITS DE L'AUTEUR

ET

LE DROIT DU PUBLIC

RELATIVEMENT AUX ŒUVRES DE L'ESPRIT

PAR

JULES MARESCHAL

ANCIEN DIRECTEUR DES BEAUX-ARTS
Secrétaire de la Commission royale de la Propriété littéraire en 1825-1826,
Membre de la Légion d'honneur, de la Société des gens de lettres, etc., etc.

PARIS
Chez HACHETTE et Cie
BOULEVARD SAINT-GERMAIN, 77

1866

LES DROITS DE L'AUTEUR

ET

LE DROIT DU PUBLIC

RELATIVEMENT AUX ŒUVRES DE L'ESPRIT

PAR

JULES MARESCHAL

ANCIEN DIRECTEUR DES BEAUX-ARTS
Secrétaire de la Commission royale de la Propriété littéraire en 1825-1826,
Membre de la Légion d'honneur, de la Société des gens de lettres, etc., etc.

PARIS

Chez HACHETTE et Cie

BOULEVARD SAINT-GERMAIN, 77

1866

LES DROITS DE L'AUTEUR

ET

LE DROIT DU PUBLIC

RELATIVEMENT AUX ŒUVRES DE L'ESPRIT

RÉFLEXIONS SOMMAIRES

SOUMISES A MESSIEURS LES DÉPUTÉS AU CORPS LÉGISLATIF

MESSIEURS LES DÉPUTÉS,

Si j'élève aujourd'hui, devant vous, une voix isolée pour vous supplier de faire justice à l'un des plus grands, des plus nobles intérêts du pays, ce n'est pas, certes, que cet intérêt soit déserté par ceux, en nombre immense, qu'il touche de plus près, non plus que par le Gouvernement lui-même, car, tout au contraire, la question qu'il soulève n'a cessé d'être, depuis trois quarts de siècle, l'objet des vives préoccupations de tous.

Ce n'est pas, davantage, que de bien plus dignes assurément n'aient le droit de prendre la parole avant moi, car l'armée glorieuse des défenseurs du principe de la propriété littéraire et artistique compte, dans ses rangs, les plus élevés et les plus brillants d'entre les esprits qui sont l'honneur des lettres et de la tribune (1).

Si donc je me présente seul en ce moment devant les délégués du pays pour traiter de ces grands intérêts, c'est, Messieurs, que, par une situation qui m'est propre et que m'ont créées quarante années d'études, d'efforts et de soins laborieux, officiels d'abord officieux ensuite, employés à défendre et faire valoir le principe en question, je me crois le devoir de pas laisser échapper une seule occasion de le garantir contre tout danger d'applications erronées qui puissent, en le viciant dans sa base et dans son essence, faire obstacle plus tard à sa complète restitution.

Or, Messieurs, voici que le Gouvernement, agissant d'ailleurs dans un esprit d'équité bienveillante qui ne sera douteux pour personne, et, tout autorise à le supposer (2), avec le regret évident de ne pouvoir faire plus quant à présent, présente à l'examen de la législature un projet de loi, sage et juste en lui-même, mais qui pourrait, à un certain point de vue, recéler le grave inconvénient que je viens de signaler et engager l'avenir par le présent, si des réserves expresses n'étaient faites hautement et solennellement à cet égard.

Je m'explique :

Le projet de loi dont je parle a pour objet de faire disparaître du Code actuel de la propriété littéraire et artistique une anomalie visible et fâcheuse au premier chef, à savoir l'exclusion tacite, mais réelle, de deux des lignes successibles dans l'hérédité d'un auteur ou artiste, la ligne ascendante et la ligne collatérale. En effet, la loi

---

(1) Voir page 39-40, la nomenclature des défenseurs connus du Droit littéraire et artistique perpétuel.

(2) Voir ce qui est dit ci-après page 8.

spéciale et exceptionnelle présentement en vigueur depuis cinquante-six ans a dévolu temporairement les droits de l'auteur, après le décès de sa veuve, aux ENFANTS (suivant son expression littérale), ce qui inclut l'investiture de la ligne directe, en écartant implicitement, par cela même, le droit des ascendants et celui des collatéraux, le cas échéant.

Ce fut là manifestement une erreur législative (plus, à dire vrai, de rédaction que d'intention); mais cette erreur n'en fut pas moins grave pour cela, moins triste à l'égard des droits légitimes qu'elle venait ainsi mettre à néant, et elle est d'autant plus inexpliquable que la loi précédente, celle de 1793, émanée de la Convention, n'y prêtait nullement, puisque ses termes appelaient à la succession de l'auteur tous ses représentants, généralisés par le mot HÉRITIERS.

Le projet de loi actuel, en rétablissant cette dernière appellation, rectifie l'erreur, comble la lacune et donne ainsi satisfaction à un intérêt de stricte équité que personne, sans doute, ne contestera.

J'ai développé ailleurs les raisons pressantes qui rendaient indispensable la rectification de cette erreur grave (que, s'il m'est permis de le dire, j'ai le premier signalée il y a déjà près de dix ans, en en demandant le redressement) (1). Et je me garderai de reproduire ici ces explications en présence de celles si judicieuses et tout à fait suffisantes qui vous sont données, sur ce point, dans le remarquable travail de M. le Rapporteur du Conseil d'État RICHÉ, qui sert d'EXPOSÉ DE MOTIFS au projet de loi, travail qui fait preuve d'une si grande science des faits législatifs de la matière, et d'une élévation d'idées non moins grande.

---

(1) MÉMOIRE A CONSULTER *sur la question juridique de la propriété perpétuelle et héréditaire des œuvres de l'esprit*, publié en 1860 à la Librairie-Nouvelle.

Ce mémoire a été mis sous les yeux de la haute Commission impériale qui m'a fait l'honneur de m'appeler dans l'enquête ouverte devant la sous-commission.

J'ai fait hommage, en 1865, de ce même mémoire à M. le rapporteur du Conseil

Je rends d'autant plus volontiers cet hommage bien sincère à M. le Rapporteur du Conseil d'État que j'ai le regret profond de me trouver en complet dissentiment avec lui sur ce qui touche le fond même et les origines du droit auquel a trait le projet présenté. Il me faut, on le comprend, des convictions acquises bien intimes pour me déterminer à une controverse dans laquelle tout l'avantage du savoir, du mérite et de la situation sociale est du côté de mon haut contradicteur; mais je me trouve, par la force des choses, investi d'une sorte de mandat officieux qui m'impose des devoirs devant lesquels je ne crois pas pouvoir reculer.

Aussi, tout en applaudissant très-vivement au fait même de la mesure législative que M. le Rapporteur du Conseil d'État et MM. ses deux honorables et savants collègues ont mission de soutenir devant le Corps législatif, je viens Messieurs, protester humblement, mais fortement contre le principe dont on prétend faire dériver cette mesure : je viens, avec tout le respect qui est dû aux représentants de la Puissance sociale, mais aussi avec toute la ferme franchise que donne la conscience d'un devoir à remplir, soumettre à votre haut arbitrage l'antagonisme profond qui existe entre la doctrine du rapport telle qu'elle procède des idées nouvelles, et toutes de convention, adoptées de nos jours, et la doctrine que les défenseurs du droit littéraire et artistique, dont je ne suis ici que le trop faible organe, font dériver de la nature même des choses et de la sagesse des siècles.

---

d'État (sans que j'aie pu, il est vrai, apprendre, même par un simple accusé de réception, que cet hommage lui était parvenu). Toutefois, dans son exposé, je vois plusieurs de mes arguments traités et réfutés avec un dédain plus ou moins déguisé; dédain dont je ne puis me plaindre quand je le vois tomber sur des raisons que se sont assimilés les plus illustres soutiens du droit perpétuel. Au reste, s'il faut que je le confesse, cette réfutation, toute brillante et séduisante qu'en soit la forme, ne m'a point parû, qu'on me le pardonne! détruire au fond mes raisonnements et conclure contre ma thèse.

Voici, du reste, ce que m'écrivait, à l'occasion de ce mémoire, M. de Lamartine, qui fut rapporteur, à la Chambre des Députés, du projet de loi de 1839 :

« .... Votre belle étude sur le sujet qui nous occupe tous, auteurs et lecteurs, a « ma pleine adhésion, *et* JE SUIS FIER QUE LE PATRIMOINE DE LA POSTÉRITÉ SOIT « SI BIEN DÉFENDU PAR VOUS. »

Par cette respectueuse protestation, Messieurs, je n'entends en aucune sorte faire obstacle (ce qui serait, d'ailleurs, une maladroite et vaine tentative), au vote de la loi présentée; car cette loi qui, en l'état, serait, dans le présent, déjà une justice et un bienfait pour les familles d'auteurs, ne compromet rien pour l'avenir si elle reste renfermée dans les termes textuels où elle est proposée, et il est permis de voir là, de la part du Gouvernement (grâces lui en soient rendues!) une intention latente, toute de bienveillante prévision, dans l'intérêt des gens de lettres et artistes pour le cas (inévitable, suivant moi, et plus prochain qu'on ne pense), où le droit littéraire et artistique recevrait sa sanction légale pleine et entière par le fait de sa conciliation, si facile et si simple, (1) avec les droits du public.

Mais ce que je souhaite ardemment, et ce qu'attendent de votre équité comme de vos lumières les graves et nobles intérêts qui se rattachent à la pratique des lettres et des arts, c'est qu'en votant cette même loi, il soit constant pour vous, dans votre sens intime et votre for intérieur, qu'il vous reste quelque chose à faire de plus, dans l'avenir, pour donner au principe la satisfaction qui lui est due et pour replacer dans nos Codes la propriété littéraire et artistique dans la situation légale qui appartient à sa nature et qui lui assure toutes les garanties et immunités du DROIT COMMUN.

C'est à l'honneur de faire passer en vous, Messieurs, cette persuasion que j'aspire, en vous soumettant les réflexions qui suivent et pour lesquelles j'ose solliciter de vous une grande indulgence, que me mérite peut-être le motif désintéressé de bien public qui est mon unique mobile.

Au demeurant, je ne puis que me sentir bien à l'aise pour plaider devant vous, une pareille cause, car j'ai, pour appui, (je n'ose dire pour client) le pouvoir souverain lui-même, qui a si

---

(1) Voir ci-après, pages 28, 29 et 30.

bien compris, depuis longtemps, la noble mission à lui dévolue sur ce point, et dont la sollicitude à ce sujet s'est manifestée à plusieurs reprises de la manière la plus éclatante.

Je n'en veux pour preuve, après ces propres paroles du chef de l'Etat : «... JE PENSE QUE L'ŒUVRE INTELLECTUELLE EST UNE PRO-« PRIÉTÉ COMME UNE TERRE, COMME UNE MAISON, QU'ELLE DOIT JOUIR « DES MÊMES DROITS ET QU'ELLE NE PEUT ÊTRE PRISE QUE POUR CAUSE « D'UTILITÉ PUBLIQUE (1), » que les termes du rapport par lui approuvé pour constituer la haute commission impériale réunie par ses ordres en 1862, sous la direction si zélée et si habile de votre illustre président actuel, à savoir : «... QUE LA LÉGISLATION QUI RÈGLE LA MATIÈRE N'EST PAS COMPLÈTE ET NE SUFFIT PAS A DE LÉGITIMES INTÉRÊTS. »

Ces paroles, Messieurs, n'ont pas été de vaines paroles : Elles ont eu leur retentissement et leur effet légitime ; car après la plus solennelle et la plus remarquable discussion dans le sein de cette commission, composée d'une partie des plus hautes notabilités du ministère, du conseil d'Etat, de l'Institut, de la législature et du barreau (au nombre de TRENTE), une décision basée sur le PRINCIPE DE LA PERPÉTUITÉ, a été votée à une majorité immense (19 voix sur 24 votants) avec un considérant proposé par M. le ministre d'Etat, président de la commission, et pareillement voté, après discussion, dans les termes qui suivent :

« CONSIDÉRANT QUE LES ŒUVRES DE L'ESPRIT ET DE L'ART CON-« STITUENT UNE VÉRITABLE PROPRIÉTÉ ET QUE, PAR CELA MÊME, IL EST « JUSTE QUE CETTE PROPRIÉTÉ SE PERPÉTUE INDÉFINIMENT (2). »

---

(1) .... Lettre de S.M. l'Empereur, alors PRINCE LOUIS NAPOLÉON, à M. Jobard, de Bruxelles.

(2) Déjà, en 1825, une Commission royale, de composition tout analogue et dont j'eus l'honneur d'être le secrétaire, avait rendu hommage au principe de la perpétuité.

On comprend sans peine combien, sous les auspices de semblables précédens, je dois me sentir autorisé à soutenir d'autant plus énergiquement aujourd'hui la thèse que j'ai embrassée depuis si longtemps (1), avec toute l'ardeur d'une conviction profonde.

Cette conviction est pour moi, même est dehors de mes appréciations comme homme d'observation, le résultat de l'étude suivie à laquelle, comme jadis homme de Palais, je me suis livré sous le rapport juridique, et certes, ce rapport est celui sous lequel on risque le moins de s'égarer ; car avec lui tout est précis, connu, invariable : Et si, dans une autre sphère de raisonnements, il arrive que l'imagination trop souvent fasse fausse route, ici, au contraire, l'on est constamment ramené, malgré soi, pour ainsi dire, aux principes et aux déductions du juste et du vrai.

Aussi, est-ce principalement à ce point de vue que j'ai cru devoir me placer, surtout dans le dernier écrit par moi publié sur la matière (MÉMOIRE A CONSULTER, mentionné page 5), et qu'en ce moment je me propose de traiter la question devant vous.

En plaçant ainsi, dès l'abord, la propriété littéraire et artistique sur le terrain du droit, j'y trouve l'avantage de dégager la discussion de toutes les subtilités métaphysiques ou psychologiques dont on l'a si souvent et si malencontreusement embarrassée, non-seulement sans utilité aucune, mais encore au grand préjudice de sa clarté : de plus, je crois parler en cela le langage qui convient le mieux à l'élévation de votre caractère et à la gravité de votre situation officielle. Quel plus noble rôle, en effet, que celui qui vous est départi sur cette belle et vaste scène de l'administration du pays ! Quelle mission plus honorable, plus enviable que celle d'écouter ses vœux, de les porter au pied du trône et de concourir par la double

---

(1) Mes premières études de la question remontent à 1824 (il y a aujourd'hui quarante-deux ans) !

puissance de la raison et de l'équité à rendre hommage aux vrais principes, et à faire faire bonne justice aux citoyens !

Aussi, dans ce que je vais vous dire sur le sujet qui m'occupe, je me ferai un devoir de ne le traiter que d'une manière toute digne de vous, c'est-à-dire, sous l'inspiration d'un zèle sincère pour le bien public et pour la vérité.

Devant des juges tels que vous, Messieurs, qui possédent au plus haut point le sens du juste et du vrai, je n'ai pas besoin de longs efforts de dialectique pour établir le droit que donne la nature même des choses à un écrivain sur son livre, à un auteur dramatique sur sa pièce, à un peintre sur son tableau, à un sculpteur sur sa statue, à un graveur sur sa planche, à un compositeur sur sa partition, etc., etc.

Pour se rendre compte à soi-même de ce droit, si simple dans son essence, il n'est besoin d'être ni savant ni légiste; il suffit de se reporter, pour un moment, à l'idée du travail auquel il a fallu se livrer pendant de longs jours, pendant des années souvent, pour arriver à mettre en lumière ces résultats merveilleux des perceptions diverses de l'intelligence. Et, à peine d'un complet, d'un impossible aveuglement, il faut reconnaître que l'auteur de ce long et pénible labeur est le vrai, le seul maître légitime et absolu de l'œuvre et de tout ce qui en est le produit matériel, médiat ou immédiat, si bien que nul ne saurait s'en emparer contre sa volonté. Une autre conséquence de cè droit absolu de possession, c'est que, tant que l'œuvre est restée dans le secret de son intimité, il est loisible à l'auteur de l'anéantir, après l'avoir créée, et que, même après la publication, lui seul a le droit de la corriger ou modifier.

Pourquoi ce droit? Pourquoi cet arbitraire? Parce qu'ils procèdent du travail, et que, suivant la plus irrécusable des raisons, des doctrines reçues, le travail est, en effet (c'est l'un de vous, Messieurs, parmi les plus illustres, qui l'a dit (1)), LA SOURCE, LE FONDEMENT ET LA BASE DU DROIT DE PROPRIÉTÉ, et parce que, suivant l'adage si connu, la *propriété, c'est* LA FACULTÉ D'USER ET D'ABUSER *de sa chose* (pourvu, bien entendu, « *qu'on n'en fasse pas un usage prohibé par la loi.* » Code civil, art. 544).

Et, comme, en fait de travail, il n'en est pas, manifestement, de plus personnel que le travail de l'esprit, comme il n'est pas de chose plus intime, plus PROPRE à celui qui l'a faite que ne l'est le résultat de ce travail, il faut, à peine d'abjurer tout à la fois, la raison, la justice et la grammaire, dire bien haut que c'est là, en effet, une PROPRIÉTÉ la plus logique, la plus directe et la plus légitime de toutes.

Que si, pourtant, à cause de la nature complexe, à certains égards (2), de cette propriété, en raison de ses rapports avec l'intérêt public du progrès des idées et de la civilisation, certains esprits étaient encore tentés de voir, dans le droit de l'auteur sur son œuvre, quelque chose d'incompatible avec l'idée de la propriété de droit commun, telle que je viens de la constater en la personne des auteurs, il m'est facile de prouver que ces esprits s'égarent et sont dans une fausse voie; il me suffit pour cela de citer les autorités irrécusables qui donnent à ma démonstration tout le poids, toute la valeur d'une thèse légale.

Je puis et je dois, à cet égard, invoquer d'abord les citations concluantes que je trouve dans le remarquable exposé fait par M. le ministre d'Etat à la haute commission impériale, à la tête de laquelle il se trouvait placé pour le travail préparatoire au changement de législation sur la propriété littéraire et dont j'ai parlé ci-dessus.

---

(1) M. THIERS : *De la Propriété.*

(2) Voir ci-après, pages 17-18, comment s'explique et doit s'entendre cette complexité de l'œuvre littéraire et artistique.

Voici ce que je trouve dans cet excellent discours :

D'après l'édit du 20 juillet 1778, *rédigé par* TURGOT, il est dit que : « LA PROPRIÉTÉ DES AUTEURS EST LA PREMIÈRE, LA PLUS SACRÉE, « LA PLUS IMPRESCRIPTIBLE DE TOUTES. »

Suivant DIDEROT : « L'AUTEUR EST MAITRE DE SON OUVRAGE OU « PERSONNE DANS LA SOCIÉTÉ N'EST MAITRE DE SON BIEN. »

VOLTAIRE, BEAUMARCHAIS aussi, s'étaient, bien avant, prononcés dans le même sens, et certes, on ne contestera pas la valeur énorme de ces quatre noms qui en représentent mille pour la constatation de l'opinion publique de ce temps-là sur la question.

Après cette première citation, écoutons-en une autre dont l'importance est considérable aussi : celle-là je la trouve dans l'excellente compilation ayant pour auteurs MM. Édouard Laboulaye et Georges Guiffrey et qui a été publiée sous le titre de : LA PROPRIÉTÉ LITTÉRAIRE AU DIX-HUITIÈME SIÈCLE (1).

D'abord vient un réquisitoire de M. l'avocat général SÉGUIER sur l'arrêt du conseil de 1777 déjà cité, dans lequel se trouvent ces paroles textuelles :

... « DANS LES MAINS DE L'AUTEUR, LA PROPRIÉTÉ EST INCONTES- « TABLE, ELLE N'EST PAS MÊME CONTESTÉE, DISONS MIEUX, ELLE EST « RECONNUE, ELLE EST CONSACRÉE AUJOURD'HUI, ET L'AUTEUR A DROIT « DE JOUIR DE SON OUVRAGE, **lui et toute sa descendance, ses « héritiers ou ayant cause.** »

Vient ensuite une consultation collective d'un grand nombre de légistes, l'élite des avocats au Parlement de Paris, déclarant le

(1) Paris, chez L. Hachette. 1862; volume in-8 de 800 pages.

droit de propriété littéraire « LE PLUS SACRÉ, LE PLUS INVIOLABLE DE « TOUS LES DROITS. »

Puis encore, viennent des consultations isolées de COCHU, LINGUET et autres, tout aussi affirmatives sur ce qui touche le véritable caractère de propriété qu'il n'est pas possible de refuser au droit littéraire et artistique.

Dira-t-on que ces opinions si précises, si concordantes ont perdu de leur valeur par le cours du temps, qu'elles sentent l'ancien régime et qu'elles sont surannées?

D'abord je n'admets pas que la raison et la logique vieillissent et meurent : Loin de là, elles sont de tout temps et survivent à tout. Les hommes, les lois passent, et surtout les préjugés : Elles seules demeurent; donc ce qui fut vrai et conséquent en 1777, comme déduction des principes primordiaux, est encore juste et vrai aujourd'hui.

Mais, enfin, veut-on absolument du nouveau, des opinions de notre temps? En voici, et certes l'on n'aura pas la pensée de les récuser.

Ecoutons d'abord l'un des oracles du droit et de la jurisprudence modernes, M. le président TROPLONG; suivant lui : « L'ŒUVRE « DE LA PENSÉE EST LA PLUS PERSONNELLE DE TOUTES. »

Suivant M. PORTALIS : « La *propriété des auteurs est une* PROPRIÉTÉ PAR SA NATURE, PAR SON ESSENCE, *par l'indivisibilité de l'objet et du sujet.*

Suivant M. DE LAMARTINE : « *Le jour où l'on proclamera* LA « PERPÉTUITÉ DE LA PROPRIÉTÉ LITTÉRAIRE *on aura émancipé la pen-* « *sée humaine.* »

Ainsi de MM. DE MONTALEMBERT, PHILIPPE DE SÉGUR, VICTOR HUGO et de tant d'autres illustres esprits dont les fastes parlementaires ont enregistré, consacré les opinions, toutes essentiellement affirmatives sur le caractère de propriété ordinaire et de droit commun qu'il faut reconnaître à la création d'une œuvre littéraire ou artistique et à ses conséquences,

Ceci établi, et, puisque d'après la nature même des choses, aussi bien que d'après la loi sociale, la propriété est essentiellement transmissible à la descendance du possesseur originaire, il faut nécessairement conclure de là à l'hérédité de la propriété littéraire et artistique en la personne successive des héritiers et représentants de l'auteur.

C'est ce que la sagesse et l'équité des anciens avaient constamment reconnu et pratiqué.

En effet, ainsi que je l'ai prouvé ailleurs (1), les heritiers de l'auteur étaient saisis, de droit et DE PLANO, de la propriété de l'œuvre sous toutes ses formes.

Il en fut ainsi chez les Hébreux, chez les Grecs, chez les Romains ; il en fut de même chez nous, dès nos premiers âges, soit avant, soit depuis l'invention de l'imprimerie, et non-seulement cette transmission héréditaire n'y fut jamais contestée, mais encore elle y fut affirmée et proclamée par le pouvoir social (2). Le dix-huitième siècle, qui a ébranlé tant de croyances, qui, de tant d'autres principes a fait des ruines, avait, jusqu'aux dernières années de sa durée, respecté celui-là, et ses novateurs, même parmi les plus ardents, avaient tenu à honneur de le défendre et de le soute-

---

(1) Voir le MÉMOIRE A CONSULTER, *sur la question juridique de propriété perpétuelle et héréditaire des œuvres de l'esprit*, déjà cité.

(2) Arrêt du conseil, du 30 août 1777, portant que : « *l'auteur pourra*, LUI, OU SES « HÉRITIERS, JOUIR A PERPÉTUITÉ *du privilége non rétrocédé à un libraire.*

nir. La preuve en est dans les noms que j'ai déjà cités page 12 et auxquels il faut surtout ajouter, à ce dernier point de vue, le nom de M. le conseiller à la grand'chambre du Parlement de Paris, D'ESPREMENIL, l'un des promoteurs historiques du mouvement de 89, lequel, dans son rapport sur les arrêts de 1777, avait très-fortement appuyé la doctrine de perpétuité et d'hérédité du droit littéraire.

Bien loin donc qu'il y ait ici TABLE RASE, comme l'ont dit en toute bonne foi, des esprits, d'ailleurs sérieux et diserts, mais qui n'avaient pas suffisamment puisé dans l'histoire des temps passés (1), il y a tout au contraire des faits constants et avérés, des précédents réels, concluants, décisifs qui font droit acquis en faveur du principe de perpétuité et d'hérédité, Ces faits ne permettent plus de faire sortir la propriété littéraire et artistique de la place précise et juridique où elle a été mise par eux, pour lui appliquer des théories arbitraires plus ou moins ingénieuses mais qui ne se déduisent d'aucun principe compatible avec sa nature véritable. De par la puissance logique des précédents dont je parle il est désormais interdit de circonscrire cette propriété dans des limites exceptionnelles qui ne sont justifiées par aucune raison acceptable du moment qu'elle est rangée, sans retour possible, dans la classe des propriétés de droit commun.

Comment le dix-huitième siècle, après avoir affirmé pendant les neuf dixièmes de sa durée la perpétuité et l'hérédité du droit litté-

---

(1) Qu'à ce sujet, l'on me permette d'appeler l'attention sur la parte de mon MÉMOIRE A CONSULTER qui concerne l'histoire du droit littéraire, depuis l'antiquité jusqu'à nos jours, historique appuyée sur des autorités incontestables et qui peut servir à apprécier l'erreur capitale sous l'empire de laquelle le droit a été jugé dans son essence lorsqu'on lui a dénié toute existence légale jusqu'à nos jours. Des juges compétents, au premier chef, ont bien voulu voir dans l'exposé en question « *la première histoire où la propriété littéraire ait été traitée au point de vue de son* « *origine et de son ancienneté.* »

raire, fut-il, sur son déclin, amené à lui dénier cette double prérogative, et pourquoi le dix-neuvième siècle a-t-il jusqu'ici vainement combattu pour la réhabilitation légale de ce principe? (Je dis *légale*, qu'on le remarque bien, car la loi, seule, lui manque aujourd'hui et la réhabilitation morale lui est assurée depuis longtemps dans l'opinion publique.) L'étrangeté que je signale ici, s'explique par la survenance d'une erreur, la plus manifeste du monde, qui, d'ailleurs honorable en elle même pour les esprits quil'ont émise ou partagée, n'en est pas moins une méprise énorme, évidente sur la nature du droit littéraire et artistique.

Cette erreur consiste à considérer l'auteur au seul point de vue du public, et à le représenter comme n'ayant travaillé qu'en vue de son suffrage et des applaudissements à en recueillir, d'où l'on conclut, avec assez de raison en apparence, à une main-mise naturelle, immédiate de ce même public sur l'œuvre publiée, à une prise de possession qui ne laisse plus de place qu'à une sorte d'engagement gracieux de sa part d'accorder bénévolement à l'auteur une rémunération, de la nature et des effets de laquelle il reste naturellement l'arbitre.

Telle est l'origine de ce prétendu principe de récompense nationale en qui, de la part des adversaires de la perpétuité, se résume ou plutôt auquel se réduit le droit de l'auteur et en vertu duquel on le déclare suffisamment récompensé par la jouissance viagère qui lui est laissée, additionnée avec le droit temporaire de jouissance accordé à sa veuve et à ses enfants.

Mais bien évidemment, si l'on s'en réfère au simple bon sens comme aux premiers errements de l'équité, ce n'est là qu'un mirage, qu'une aberration de la pensée, que le produit erroné d'un raisonnement tout à fait inadmissible, parce qu'il pêche essentiellement par sa base et qu'il repose sur une supposition dont la fausseté saute aux yeux.

Dire, en effet, que l'auteur ne travaille que pour le public, c'est se tromper étrangement et se dissimuler à soi-même la nature réelle de ce travail et la double condition dans laquelle il s'accomplit.

Qui ne sait, en effet, que tout auteur, si, dans sa pensée intime, sans doute il agit en vue du public puisqu'il ne peut rien sans lui lorsqu'il veut publier, il agit, en même temps et parallèlement, pour son intérêt propre en vue de recueillir le bénéfice de la publication : qu'en concours avec l'amour du bien et le désir de se concilier des suffrages qui seront la gloire de l'Œuvre et de l'Auteur, il y a la pensée toute naturelle, toute légitime de recueillir le profit effectif, matériel, le bénéfice-argent qui doit résulter de cette faveur de l'Œuvre, en un mot, de jouir du fruit de ses veilles et de son labeur?

Pour dénier ceci, véritablement, il faudrait une cécité d'esprit qu'il n'est possible de supposer à personne.

Donc, le fait de la production d'une œuvre littéraire ou artistique présente, dans son essence même, un double caractère qui implique forcément l'effet correspondant à cette nature complexe, et d'où naît manifestement la matière d'un contrat réciproque entre l'auteur et le public : L'auteur livre à la société le fruit intellectuel de son travail, la jouissance voluptuaire de sa pensée, à la condition que lui-même jouira, en retour, du prix auquel il a mis cette cession : et cette condition, il ne la scinde pas, loin de là : cette réserve, il la fait pleine et entière. La société n'a donc pas le droit de lui mesurer arbitrairement le bénéfice qui en est l'objet pour s'en appliquer à elle-même la plus forte part. Si elle le fait, néanmoins, c'est violation du contrat, c'est injustice, c'est spoliation.

L'erreur si manifeste que je relève ici vient de la confusion que font nombre d'adversaires du droit littéraire et artistique entre l'idée formulée par le livre ou l'objet d'art et le produit de sa publication ou reproduction. Lorsque, ainsi que je l'ai déjà dit ailleurs (1), la distinction à faire entre ces deux éléments concurrents de toute publication semble devoir tomber sous le sens le moins exercé, les argumentateurs dont je parle affectent de regarder l'œuvre comme indivisible; ils ne veulent pas comprendre ou confesser cette dualité de substance qui constitue, si visiblement pourtant, la propriété littéraire : ils ne veulent voir en elle que son caractère d'utilité morale et d'intérêt public; il dédaignent de s'arrêter sur l'idée de son caractère d'intérêt privé, duquel s'induisent si manifestement des droits parallèles à ceux que peut comporter son rapport d'utilité générale, et ils ne savent pas tenir la balance égale entre ces deux natures concurrentes de droits également respectables.

Ainsi, d'après ces étranges logiciens, ce serait parce que l'œuvre est complexe dans son utilité qu'il faudrait annuler celle de ses deux conditions utiles qui tend à rémunérer l'auteur de ses peines et de son travail! ce serait parce que le public en tire profit qu'il faudrait méconnaître le caractère dont elle est investie aux yeux de l'équité comme à ceux de la loi sociale, par sa nature même de fruit légitime du labeur de l'homme!

Non : ceci n'est pas tolérable; c'est une erreur trop manifeste pour qu'il ne faille pas l'écarter d'une manière absolue, et la raison, la justice, veulent qu'on en revienne sans cesse à l'idée de la double nature du droit littéraire, entraînant une double conséquence.

Ecoutons, en terminant sur ce point, ce qu'a dit et publié en 1836, dans un écrit qui eut du retentissement, un homme de grand

(1) Mémoire a consulter, page 53.

sens, de grande délicatesse d'esprit comme de sentiments, et dont la situation sociale ajoute, dans l'espèce, un poids considérable à son opinion sur une telle matière : c'est M. Hector Bossange, l'un des membres les plus distingués et les plus anciens du corps de la librairie parisienne.

Voici ce qu'on lit, à ce sujet, dans son ouvrage ayant pour titre : OPINION NOUVELLE SUR LA PROPRIÉTÉ LITTÉRAIRE :

« .... Il aurait été ridicule à Newton de prétendre à ce que nul « autre que lui n'eût le droit d'imprimer que la loi de gravitation « régissait l'univers ; mais la manière de le dire, de le développer « et de le démontrer, mais L'ŒUVRE, LE LIVRE enfin, voilà ce qu'il « a pu défendre de copier ou de reproduire : LE LIVRE, VOILA DONC « LA PROPRIÉTÉ EN MATIÈRE LITTÉRAIRE. »

Cette saisissante et spirituelle définition est assurément ce que l'on peut dire de mieux pour fixer les idées de tous sur le point en question.

En envisageant de la manière qui vient d'être expliquée ci-dessus, et c'est la seule vraie, le droit littéraire et artistique, on voit que si ce droit est d'une nature complexe, il ne perd rien pour cela de son caractère et de sa nature de PROPRIÉTÉ.

Cela, sans doute, peut bien autoriser à dire comme on l'a fait, comme on l'a répété à satiété, que c'est là une propriété SUI GENERIS. Mais s'il faut que je le confesse, en ce qui concerne cette expression dont a tant usé et abusé, il m'a toujours semblé que l'employer en manière d'argument était chose bizarre, et qu'à ce point de vue autant valait ne rien dire. En effet, cela ne peut signifier qu'une chose, à savoir que le droit littéraire ne ressemble pas à un autre, qu'il a un caractère spécifique qui le met dans une classe à part. Eh bien ! est-ce qu'il n'y a pas, dans la grande famille des propriétés, dix, vingt d'entre elles dont la nature est toute dissemblable de celle des autres et qui n'en sont pas moins très-positivement, très-légalement soumises pour leur effets civils à la loi commune? Est-ce qu'une MAISON, une TERRE, un ÉTANG, une CRÉANCE, une ACTION DE LA BANQUE DE FRANCE, un DROIT DE BAIL, etc., etc., sont même chose? Ne sont-ce pas là tout au contraire, autant de choses toutes différentes entre elles de forme et de nature, des propriétés SUI GENERIS, et, pourtant, la loi ne les place-t-elle pas toutes indistinctement sous son égide? Qu'il me soit donc permis de sourire, à part moi, quand j'entends fulminer une excommunication contre la pro-propriété littéraire parce qu'elle est une propriété SUI GENERIS.

L'erreur si manifeste que j'ai signalée ci-dessus s'est, pour le malheur de la propriété littéraire, compliquée d'une autre non moins grave qui l'a précédée et qui fut due à l'exaltation des esprits à une époque fameuse. Cette seconde erreur, il en faut dire ici deux mots à peine de n'être pas compris dans ce qu'il me faut faire connaître de la transition du régime ancien au régime nouveau en ce qui concerne le droit des auteurs :

Jusqu'à la révolution, le droit de publication ne s'exerçait qu'en vertu d'une autorisation spéciale délivrée par le gouvernement sous le titre nominal de PRIVILÉGE DU ROI.

Voici, sur la nature et le caractère de cet acte de la puissance souveraine, la définition qu'en donne M. l'avocat général Séguier, parlant au nom de la couronne devant le Parlement, à l'occasion des édits de 1777 :

« *Le privilége que le roi accorde est un acte de protection, l'ap-*
« *probation est un acte de police, mais* NI L'UN NI L'AUTRE NE PEUT
« CHANGER LA NATURE DE LA PROPRIÉTÉ. »

Et M. le conseiller d'Espremenil, dans son rapport à la grand'-

chambre du Parlement, sur le même sujet, fait observer ce qui suit :

« ... On a toujours pensé que LA PERMISSION D'IMPRIMER UN « OUVRAGE NOUVEAU NE CRÉAIT PAS LA PROPRIÉTÉ, MAIS LA SUPPOSAIT « *et que le* PRIVILÉGE *uni à la permission* N'ÉTAIT QU'UNE SAUVEGARDE « DE LA PROPRIÉTÉ.

De ces définitions si claires et venues de si haut, il résulte que le droit littéraire était complétement en dehors des formes adoptées pour la publication, qu'il existait par lui-même et n'était dans la dépendance légale du PRIVILÈGE DU ROI que pour ce qui concernait le fait matériel de la mise au jour de l'œuvre ; si l'auteur ne pouvait, sans le privilége, tirer parti de sa conception, il ne perdait en aucune façon ni sa prérogative, ni sa propriété. C'était là, certes, pour lui, une situation de gêne et d'embarras, à certains égards, au moment de la publication, mais, du moins, une fois nanti de ce privilége, de cette sauvegarde, suivant l'expression de M. D'Espremenil, la jouissance complète de son œuvre et des produits à en provenir était assurée à lui et à sa famille.

Mais, arrivant la révolution de 1789, ce temps même où l'on devait s'attendre à voir tomber l'entrave de l'autorisation, et la propriété se consolider d'autant plus, cette époque qui devait être pour tous les citoyens l'inauguration d'une ère de liberté et de jouissance de tous leurs droits, furent pour les auteurs, au point de vue de leurs familles, le signal d'une sorte de proscription et de ruine cachées sous les apparences de zèle pour leurs intérêts et de la faveur publique pour les productions de la littérature et de l'art.

En effet, dans l'ardeur dévorante avec laquelle étaient poursuivis alors tous les priviléges et sans réfléchir à la nature de celui des auteurs qui n'avait rien de commun avec les autres, la CONVENTION NATIONALE le comprit, ainsi qu'eux, dans son holocauste à la liberté.

Si la Convention n'eût entendu cette abolition que dans le sens de la suppression de la formalité d'autorisation préalable d'imprimer (et le prévilége, on l'a vu, n'était que cela), elle eût été dans le vrai des principes inaugurés par elle, et les auteurs eussent, en cela, trouvé justice et faveur : Mais, par une étrange et fatale contradiction avec elle-même, au lieu de laisser la propriété littéraire sous l'empire de la loi commune comme elle y avait été jusques-là, elle se prit à la prétendre réglementer à nouveau et à créer, de son chef, au détriment des familles d'auteurs, un privilége véritable au profit d'une idéalité pure, d'un être intellectuel qui n'avait, dans l'espèce, aucune raison d'être, ainsi que je vais le prouver sans peine un peu plus loin.

Tels sont, en effet, l'esprit et l'économie du décret du 19 juillet 1793.

En même temps que, d'une part, le député rapporteur (Lakanal) reconnaissait hautement le principe séculaire de la possession absolue de l'auteur par ces paroles restées célèbres : « DE TOUTES LES PROPRIÉTÉS LA MOINS SUSCEPTIBLE DE CONTESTATIONS C'EST, SANS CONTREDIT CELLE DES PRODUCTIONS DU GÉNIE » d'autre part, payant tribut aux idées de libéralisme outré de l'époque, il mutilait ce même droit en lui enlevant sa prérogative la plus précieuse, l'hérédité, pour en transporter le bénéfice à cet être qu'en pareille matière on peut, en effet, appel idéal (1) LE DOMAINE

(1) Pour quiconque a observé, raisonné et pratiqué la matière, ce qu'on appelle si complaisamment, si pompeusement le DOMAINE PUBLIC n'est, autre chose, au fond que le privilége d'un très-petit nombre de spéculateurs en librairie, qui, sans rien faire de plus pour la masse que ce que les héritiers eux-mêmes auraient pu faire, recueillent, au préjudice de ceux-ci, les fruits du travail de l'écrivain. On pourrait, en toute assurance, porter le défi de prouver que, jamais, une réédition du domaine public ait été faite, sauf les exceptions les plus rares, par d'autres personnes que par les libraires-éditeurs de profession. Sans doute, la librairie est un négoce auquel le pouvoir doit protection comme aux autres exploitations commerciales ; mais faut-il que cette protection se manifeste par une injustice faite à une classe de citoyens qui ne méritent pas moins de faveur que les libraires?

PUBLIC. Il dépouillait la famille de l'auteur sous prétexte d'enrichir moratement la nation, prétexte dont nous allons voir tout à l'heure toute la futilité, tout le défaut de signification réelle.

Ainsi, à ce moment même d'affranchissement de toutes les servitudes, d'abolition de tous les priviléges, de mise à néant de toutes les confiscations, l'on venait, par la plus étrange des anomalies, proposer à la représentation nationale de créer une classe d'ilotes en la personne des descendants de gens de lettres et artistes, d'établir au mépris de leurs droits de citoyens actifs, libres et d'héritiers légitimes de l'auteur, d'autres héritiers crées par l'arbitraire, de confisquer, sur ces ayants droit nécessaires de l'auteur, avec le domaine utile de l'œuvre paternelle, la pieuse et douce prérogative, de concourir par des publications successives à perpétuer sa gloire, de diriger, de surveiller le travail de ces publications pour les tenir constamment à la hauteur du génie créateur de l'œuvre.

Et la représentation nationale acceptait, d'enthousiasme ces idées et sanctionnait, presqu'à l'unanimité, ces propositions!

Mais envers qui, donc, et ces injustices et ces illégalités? Contre qui ces rigueurs draconniennes? Envers les représentants naturels de noms glorieux dont l'auréole se reflète sur le pays tout entier! contre de pauvres enfants, peut être, auxquels le zèle de leur père ou aïeul pour la science et l'étude aura, en dévorant le temps qu'il eût pu employer à leur créer un patrimoine par tout autre travail, laissés sans moyens d'existence si ce n'est le produit successif de l'œuvre de ses veilles!

Est-ce donc là, cet avancement d'idées, cet avénement de lumières nouvelles, cette généreuse égalité dont l'ère fameuse de 89 devait être la glorieuse inauguration? faut-il voir là un des symptômes de ce progrès social qui lui servit de drapeau?

Le progrès (dont, par le temps où nous vivons, tout le monde a le mot dans la bouche, sans que beaucoup en aient, dans l'esprit et dans le cœur, la notion véritable), le progrès, est sans doute une chose vénérable et sainte, car il est dans les desseins de Dieu et dans les fins de l'homme : mais ce qu'il faut nommer de ce nom, digne de tous les respects, c'est ce grand, ce magnifique mouvement en avant, sage et ordonné, vers le bien, vers le beau, qui, par l'étude et la réflexion, nous porte à perfectionner incessamment, avec notre intelligence elle-même, les principes primordiaux qui sont et la base et le palladium de la société. Le progrès, c'est la morale plus universellement comprise et pratiquée : c'est la justice plus honorée et plus puissante : c'est la loi plus parfaite et plus obéie ; c'est le pouvoir social de plus en plus paternel et protecteur des intérêts de tous : c'est la science agrandie, épurée, et, comme celle de Newton, de Pascal, de Leibnitz, d'Arago, de Cousin, et de tant d'autres beaux génies, sauvée, par sa grandeur même, de l'irréligion et du matérialisme : ce sont les lettres, les arts retrempés par l'idée morale, luttant entre eux d'efforts généreux pour instruire ou charmer les hommes, tout en élevant leur pensée, tout en épurant leur cœur : c'est l'industrie, c'est le commerce s'appliquant à l'accroissement du bien être public sans tomber dans les excès de l'avidité ou dans les sentines de la fraude : ce sont les hontes sociales refoulées, et leurs scandales contraints à reculer devant les révoltes de la pudeur publique : ce sont, enfin, les crimes, les délits de toute sorte, décroissant successivement de nombre et d'intensité, grâce à la puissance moralisatrice des bons enseignements donnés de haut, et d'un régime d'éducation des masses plus complet, plus accentué, plus généralisé (1).

---

(1) A Dieu ne plaise que j'entende par là blâmer en rien le régime actuel de l'*instruction publique!* Loin de là, je sais et j'apprécie ce qu'il y a en lui d'excellent, soit quant à ses savants programmes, soit quant à ses habiles directeurs et à ses professeurs éminents; mais, qu'il me soit permis de le dire, j'y désire un progrès qui est, au reste, j'en suis sûr, aussi dans les vues et les desseins du pouvoir : c'est l'extension et le développement successif du moyen normal de moralisation, tant dans les écoles du peuple que dans celles des classes élevées. C'est un régime complet d'ÉDUCATION étroitement lié au régime d'*instruction* (car l'un n'est pas l'autre

Voilà le PROGRÈS, tel que la raison l'avoue et que l'ami véritable de l'humanité le poursuit sans relâche.

Mais il est, par malheur, une triste mon omaniequi usurpe son nom et que l'un et l'autre repoussent : c'est cette ardeur déplorable d'instabilité, qui aspire incessamment à tout détruire pour tout renouveler, sans s'inquiéter si ce qu'elle substitue à ce qui était porte ou non, au moral comme au matériel, des gages de réelle amélioration : pour laquelle toute chose nouvelle est un progrès, dût elle mettre à la place des idées sanctionnées par le temps et par la sagesse de nos devanciers des théories de caprice aussi pleines de folie que de périls pour le bon ordre : qui dédaigne, avec une suprême imprudence, tous les errements, tous les enseignements du passé pour se jeter, avec un aveuglement passionné, dans les incertitudes de l'avenir et par elles dans le vague de l'inconnu : qui, enfin, dans son impitoyable besoin de changement, n'hésiterait pas à ébranler l'édifice social tout entier, et qui, même au milieu de ses ruines, rêverait encore de lui appliquer ses étranges procédés de perfectionnement !

Ce progrès-là, nous le connaissons, nous l'avons, hélas ! vu plus d'une fois à l'œuvre. Et nous repoussons de toutes nos forces ses aspirations desordonnées, comme un stigmate à la raison humaine, comme une offense à la sagesse de notre époque.

Revenant à ma thèse présente, je me demande comment il se put faire que des hommes graves, pénétrés de la hauteur de leur mission et n'ayant certainement pas le dessein premedité d'être injustes et durs, en arrivassent, cependant, à ce point de dépouiller illégale-

tant s'en faut !) et qui, en même temps que celui-ci orne l'esprit, cultive le cœur par le premier. Ces deux résultats parallèles doivent toujours marcher de front pour donner au pays et l'homme d'honneur et le bon citoyen : le bon citoyen, nécessité première dans un pays de suffrage universel !

ment des citoyens d'une propriété qui leur était acquise à des titres si légitimes ?

Hélas ! l'histoire des assemblées politiques offre plus d'un exemple de ces entraînements spontanés, qui, par les ardeurs du moment, jettent toute une réunion d'hommes de bonne foi dans des voies extrêmes, excentriques, où, de sang-froid, ils n'eussent jamais voulu s'engager !

Manifestement, c'est à l'un de ces entraînements non prévus, involontaires, pour ainsi dire, qu'obéit la Convention, en rendant le décret du 19 juillet 1793. Et il se peut qu'en accomplissant cet acte d'oppression véritable contre les auteurs et leurs héritiers, elle crût sincèrement avoir fait envers les premiers preuve d'intérêt et de protection.

Encore si cette atteinte si rude au droit privé des citoyens, si cette sorte de cruauté nationale avait eu sa cause dans la considération d'un réel intérêt public, du moins pourrait-on penser que ceux qu'elle a frappés trouveraient un motif de consolation dans le sentiment d'un sacrifice fait par eux au bien de tous.

Mais, et c'est là le vice capital de la doctrine étrange sur laquelle repose la loi d'exhérédation des familles d'auteurs, évidemment, il faut le reconnaître, aucun intérêt public sérieux et bien motivé ne se trouve engagé dans la question. Cette vérité, qui gît toute en fait, comme nous allons le démontrer sommairement après l'avoir fait ailleurs avec bien plus de développement, a toujours rendu inconcevable pour moi l'opinion que professent, quant à la croyance contraire, nombre d'esprits, pleins d'ailleurs de science et d'élévation, et je n'ai jamais pu voir là que l'effet d'une manifeste méprise de laquelle il ne me paraît pas possible qu'on ne finisse pas par revenir complétement.

En effet, il est, ce me semble, clair comme le jour qu'un livre quelconque, pour peu qu'il ait d'utilité ou d'attrait pour le public (et s'il n'en a pas il ne doit pas nous occuper ici), aura eu, pendant le demi-siècle et plus de possession privative par l'auteur et sa veuve pendant leur vie, puis ses enfants (ceux-ci dans la limite restreinte que leur assigne la loi actuelle), aura eu, dis-je, plus d'éditions qu'il n'en faut assurément pour que toute idée féconde de l'œuvre ait fait son chemin dans l'esprit de tous, de manière à ce que son effet intellectuel soit produit tout autant qu'il est nécessaire.

Il n'est pas moins certain que, pendant tout ce long temps, le livre aura été classé, conservé dans un grand nombre de bibliothèques, publiques ou privées, nationales ou étrangères, de telle sorte qu'il se trouvera, par là, complétement garanti contre toute tentative insensée de suppression, s'il se pouvait d'ailleurs qu'une idée si folle entrât dans un cerveau quelconque de représentant d'auteur. (Le fanatisme d'Omar a bien pu détruire par le feu, dans la bibliothèque d'Alexandrie, les ouvrages originaux écrits sur papyrus que contenait ce monument célèbre de la science antique, mais le farouche lieutenant et successeur de Mahomet eût été impuissant et ridicule à tenter de détruire, depuis l'invention de l'imprimerie, s'il eût vécu alors, même une seule œuvre publiée.)

Puis, que l'on pense donc à la puissance de cette loi de l'intérêt personnel qui, pour ainsi dire, ne permet à quiconque de négliger une occasion de profit légitime, et qui, par cela même, poussera constammeut l'héritier possesseur d'un livre en faveur à en multiplier, autant que possible, les éditions pour s'enrichir de leur produit! Peut-on concevoir qu'il y en ait un seul dans le nombre, ou assez simple pour se priver volontairement de ce bénéfice, ou assez niais pour penser qu'en s'abstenant de publier il annulera l'œuvre que mille autres que lui possèdent et peuvent mettre, en dépit de lui, à la connaissance de qui bon leur semble par la communication ou par la cession du livre.

Mais allons plus loin; supposons l'impossible et admettons que cet héritier, phénix de désintéressement ou de sottise (lequel, au reste, ne s'est pas encore révélé depuis trois mille ans !), se puisse néanmoins rencontrer quelque part et que, par une abstention d'éditer prolongée à dessein, il arrive, non pas assurément à détruire l'œuvre, cela est impossible par la raison ci-dessus dite, mais à rendre le livre assez rare dans le commerce pour que le besoin réel d'une publication itérative se fasse sentir :

Est-ce que, pour ce cas (ici d'ailleurs si gratuitement supposé il n'existe pas un infaillible moyen d'y pourvoir sans violer le principe et le droit de propriété ? Oui, certes, et ce moyen, le voici :

Que la loi qui replacera la propriété littéraire et artistique sous l'empire du droit commun déclare, et elle le peut très-justement et sans nulle difficulté, « QU'APRÈS VINGT ANS (dix ans si l'on veut) « DE LA DATE DE LA DERNIÈRE ÉDITION DE TOUT LIVRE QUELCONQUE « (*date toujours constante et certaine*), A DÉFAUT PAR LE DÉTENTEUR « DE LA PROPRIÉTÉ DE CE LIVRE D'EN AVOIR FAIT PARAÎTRE UNE « NOUVELLE DANS LE DÉLAI SUSDIT DE 20 (OU 10 ANS), TOUTE PER- « SONNE AURA LE DROIT, SANS MISE EN DEMEURE PRÉALABLE, DE FAIRE « CETTE ÉDITION NOUVELLE EN SON LIEU ET PLACE, *sauf la faculté « qui restera au détenteur d'éditer ensuite par lui-même, ce qui « fera revivre son droit privatif, mais à la charge, alors, de laisser « à l'éditeur du domaine public un délai de cinq ans pour écouler « son édition.* »

Moyennant cette disposition préventive si simple, qui procède du droit d'où naissent toutes les déchéances et prescriptions légales et par conséquent se justifie d'elle-même, tout serait concilié ; à l'instant même cesserait cette triste guerre d'idées qui règne depuis trop longtemps entre l'intérêt si réel des héritiers d'auteur et le fantôme d'intérêt public évoqué contre eux, entre le positif et l'imaginaire, entre le vrai et le faux.

Il est visible, en effet, d'une part, que cette déchéance temporaire, ou plutôt cette suspension virtuelle de la prérogative de l'héritiers serait parfaitement motivée par le devoir social de sauvegarder l'intérêt de la propagation des lumières, au cas, si improbable qu'il soit, où cet intérêt serait vraiment en péril; et d'autre part, que l'héritier frappé par cette mulctation légale, ne saurait s'en plaindre avec raison, car il l'aurait justement encourue par l'infraction au contrat tacite entre le public et lui, et par la négligence qu'il aurait mise à remplir un devoir réel de tout citoyen envers le pays.

Cette mesure, il y a dix ans bientôt que, le premier, en France, je l'ai proposée. Elle a reçu le complet assentiment de nombre d'esprits pratiques non-seulement en droit, mais en librairie; elle a été développée devant la haute commission impériale par l'un de ses honorables membres avec ce talent plein de chaleur et de distinction dont il donne journellement, au barreau et à la tribune, des gages aussi brillants que solides (1), et plus j'ai creusé l'idée, plus j'ai pu me convaincre que là sont véritablement et le mot final de la question et le moyen infaillible de solution de la difficulté.

Du reste, ce qui vient donner à la proposition un grand poids de plus, c'est que l'esprit si pratique et si prudent de la nation anglaise l'a dès longtemps introduit dans sa législation sur la propriété littéraire, et, ce qui est bien remarquable, c'est que jamais le besoin ne se révéla d'y avoir recours, tant est vaine et fantastique la crainte de suppression d'une œuvre publiée!

Devant la DÉCHÉANCE TEMPORAIRE s'efface et disparaît, ce qui n'est pas un mince avantage, la nécessité d'arriver à l'examen de cette mesure transactionnelle, si je puis m'exprimer ainsi, qui a reçu le nom de RÉTRIBUTION PERPÉTUELLE, ou, si on l'aime mieux,

---

(1) M. Nogent de Saint-Laurent.

de *Domaine public payant*, mesure dont les difficultés d'application ont rebuté de bons esprits disposés d'ailleurs à l'adopter en principe comme moyen de conciliation entre le droit absolu et le droit viager.

Ces difficultés je les puis signaler en toute indépendance, puisque c'est à moi-même que jadis ce système dut sa naissance dans le sein de la commission royale de 1825. Ce fut, il est vrai, uniquement à titre d'expédient, après l'impossibilité reconnue d'y faire triompher finalement le principe du droit absolu, pourtant adopté d'abord par la commission. Ce sont ces mêmes difficultés qui, par la suite, me firent renoncer au système et adopter l'idée de la DÉCHÉANCE TEMPORAIRE qui les mettait à néant. A l'époque présente, ce sont elles aussi qui, si je suis bien informé, ont nui le plus à l'adoption par le conseil d'État du projet de loi formulé par la commission impériale dans le sens de la perpétuité. Rien n'est donc plus opportun que de mettre définitivement à l'écart cette idée du DOMAINE PUBLIC PAYANT, appellation du reste assez étrange et qu'on dirait appartenir à la littérature fantaisiste plus qu'au grave langage du droit : elle fut le fait d'un brillant esprit qui sait allier le talent de l'écrivain et l'habileté de l'éditeur, mais qu'ici l'imagination avait, ce me semble, quelque peut fait sortir du positif pour l'entraîner dans les espaces (1).

Il y a, dans la mesure que je propose, encore un autre avantage marqué. Elle dispense de revenir sur l'exposition de tant d'idées

(1) Lorsque cette idée du *domaine public payant* se produisit, il y a quelques années, j'en compris sans peine le parologisme et les dangers pour le sort final de la question de perpétuité, et je me crus obligé de les signaler. C'est ce que je fis par un article inséré au journal la *Propriété industrielle* du 29 mai 1862, qu'on peut consulter, si l'on veut se rendre compte des complications que le *domaine public payant* créait dans l'application du droit de propriété, tandis que le système de la déchéance temporaire les faisait disparaître. Il est très-fâcheux que ce dernier système n'ait pas triomphé dans la Commission impériale, car il eût pu sauver le projet de loi proposé par celle-ci.

étranges, exprimées, discutées, sur ce qui touche la nature même de la propriété littéraire et d'aborder cette thèse psychologique si ardue, cette lice sans issue où tant de lutteurs ardents, même parmi les hommes de science et d'esprit, se sont égarés dans des abstractions insaisissables et des systèmes de pure imagination que repoussent également le droit et la pratique.

Jaloux de ménager vos moments, Messieurs, je me garderai, même pour justifier le jugement que j'en porte, de revenir ici sur cette discussion, que sa gravité n'a pas toujours affranchie d'une teinte de bizarrerie et d'excentricité (1). Je me bornerai à dire que pour le cas où vous souhaiteriez vous édifier sur les raisons principales employé pour ou contre le principe de la propriété littéraire et artistique, vous ne sauriez consulter rien de plus instructif et concluant que le beau travail fait au ministère d'État, sous l'habile et brillante direction de votre illustre président, travail qui consiste dans le recueil des procès-verbaux de la haute Commission impériale, réunie en 1862.

Là, surtout, vous trouverez mis à jour de la façon la plus saisissante, dans les discours réfléchis ou improvisés des divers membres de la Commission, les arguments qui se rattachent à la question d'application du droit commun, et vous pourrez vous convaincre de la parfaite possibilité de cette application, contre laquelle ne sauraient prévaloir aucun des prétendus empêchements allégués au point de vue de la divisibilité des héritages, des droits des créanciers, etc., etc.

Au surplus, la question de ces empêchements supposés peut être considérée comme tranchée par la haute raison de M. le rapporteur

---

(1) Ceci s'applique surtout à la discussion qui s'ouvrit en 1859 devant l'assemblée internationale dite CONGRÈS DE BRUXELLES et dans laquelle furent proposées des doctrines bizarres au premier chef, que j'ai signalées alors dans mon livre du DROIT HÉRÉDITAIRE DES AUTEURS.

du projet de loi en discussion. Je lis, en effet, dans le rapport ces mots significatifs :

« Quant au mode de transmission des droits de l'auteur aux « héritiers, il n'offrirait pas plus de difficultés juridiques qu'il n'en « présente aujourd'hui dans le cercle de dix ans. »

Il est vrai que le rapport parle, ici, dans le système de l'extension du droit de l'héritier à trente ans seulement, mesure de la législation actuelle sur la durée du droit littéraire au profit des enfants après le décès de la veuve, mais il est bien clair que le même raisonnement est tout aussi applicable à une durée plus grande, puisque, comme le dit le rapport :

« C'est le Code civil qui régit aujourd'hui la succession au droit. « Il la régira encore... Nous continuerons à laisser faire le Code « Napoléon, *non que le droit d'auteur soit une propriété ordinaire* « (on a vu combien je suis à cet égard loin de partager la pensée « de M. le rapporteur) mais parce qu'il y a des avantages d'é- « quité, de simplicité et de *connu* à continuer d'appliquer les règles « qui président à la succession ordinaire. »

Et il faut faire observer ici, à titre de confirmation par les faits, de cette doctrine du rapport, que *depuis des siècles que se sont ouvertes des successions d'auteurs, jamais il ne s'est révélé à cet égard une seule des difficultés* dont argumentent avec une si singulière innocence, en fait de transactions civiles et juridiques, certains adversaires du droit des auteurs.

Je suis donc fondé à penser que si la divergence d'idées qui existe entre M. le rapporteur et les soutiens du droit littéraire absolu pouvait, par bonheur, cesser de se produire, il serait d'accord avec eux sur le non-sens des objections faites contre l'application du droit commun à la propriété littéraire, en ce qui concerne les points ci-devant signalés.

Cela étant, je puis m'abstenir d'insister sur cette dernière partie de la discussion, d'autant que j'ai déjà traité *in extenso* cette matière spéciale dans mes précédents écrits et que je crois n'avoir rien laissé subsister des arguments employés contre l'application dont il s'agit, y compris l'objection relative au bas prix des livres (1).

Je crois, Messieurs, avoir dit, sans trop de longueur, ce qui était nécessaire pour vous faire bien comprendre le sens dans lequel j'ai pris la liberté de vous soumettre les observations qui précèdent : c'est celui, je le répète, d'une respectueuse protestation contre le tort qui serait fait au principe de la propriété littéraire si l'esprit de la loi qui va être votée par vous pouvait être considéré comme excluant l'idée de son retour sous l'empire du droit commun, et je vous supplie de faire en sorte que de votre vote ne résulte pas ce préjugé contre lui, laissant du reste à votre haute sagesse, à déterminer la formule qui pourrait le mieux le garantir de ce très-fâcheux précédent.

Permettez qu'en terminant j'ose vous adresser une dernière réflexion.

Il ne suffit pas, à mes yeux, que de mon exposé il résulte pour vous la conviction que ma thèse est conforme au droit privé des citoyens, aussi bien qu'à l'intérêt public tout spécial, revendiqué par les amis des lumières et du progrès : ma tâche s'élève en raison de votre position, elle-même si élevée : elle doit atteindre à toute

---

(1) Outre ce qui se trouve à ce sujet dans le livre *Du Droit héréditaire* et du *Mémoire à consulter*, je puis renvoyer entre autres publications dans les journaux aux trois articles très-étendus qui ont paru dans le journal le *Messager*, plus à deux autres articles publiés dans la *Propriété industrielle*.

la hauteur des sentiments si nobles et si vraiment patriotiques, qui vous animent pour l'honneur et le lustre du pays. Il convient que vous soyez mis à même vous édifier complétement sur la portée que doit avoir, à l'égard de l'une de nos plus grandes gloires nationales, cette réhabilitation du principe que j'ai défendu devant vous.

Souffrez donc que je vous répète ici, Messieurs, ce que, déjà, j'ai dit ailleurs, mais qui me semble en ce moment le corollaire obligé de ma présente requête au corps illustre qui résume en lui la part la plus grande de la vitalité du pays, non-seulement en ce qui concerne son bien être matériel, mais encore et surtout en ce qui touche sa grandeur morale.

« Qu'on ne s'y trompe pas! s'il est bien vrai que notre France est, entre toutes les nations du monde, la patrie privilégiée des lettres et des arts, il ne l'est pas moins que leur amour fervent, cause première de l'éclat qu'ils font rejaillir sur elle, peut être fortement stimulé par des raisons très-légitimes tirées du fait de la justice rendue au droit héréditaire des auteurs. Sans nul doute, l'idée de travailler pour l'honneur de son pays et pour l'illustration de son propre nom est un double mobile bien fait pour enflammer le génie de l'écrivain et de l'artiste; mais, n'est-il pas une autre cause encore qui peut agir dans le même sens et servir de puissant adminicule aux deux premières en leur communiquant son énergie? Oui, certes, et cette cause c'est celle qui procède à la fois des plus saintes lois de la nature et de la plus sage d'entre les lois des hommes : c'est la tendresse du père de famille secondée par la prévoyance du législateur créant, dans le premier, la foi de l'avenir, lui faisant voir dans le fruit de ses labeurs la garantie du bien-être futur de ses enfants, le gage de la place honorable qu'un jour pourront tenir dans la société les êtres qui lui furent chers de son vivant même, ou qui, nés de ceux-ci quand son âme aura quitté la terre, n'en sont pas moins, dès ce monde, l'objet de ses sollicitudes.

Otez au laborieux ami des lettres, des arts, cette noble, cette douce espérance en maintenant la proscription du droit des familles, et vous éteignez dans son cœur l'une des flammes de l'esprit; vous paralysez en partie la faculté génératrice des œuvres sublimes, vous rappetissez d'avance les grands hommes : en faisant voir à l'auteur, dans un temps rapproché de sa mort, le patrimoine de ses enfants devenu la proie du domaine public, vous le tenez sous le coup d'une obsession qui, décourageante et mauvaise conseillère, le pousse, comme malgré lui, dans une voie tout autre que celle qu'il eût suivie sans cela, dans une voie où la gloire des lettres et des arts est sacrifiée forcément à la matérialité de leur culte; vous l'obligez à déserter la création de ces œuvres sérieuses et grandioses qui ne peuvent être que le fruit d'une longue et laborieuse étude, pour des productions de portée moins hautes, souvent même pour des compositions où l'avantage moral est nul pour la science comme pour le public; et cela parce que, de celles-ci, le profit matériel àrrive à l'auteur dans un délai très-court, tandis que des autres, le fruit, qnoique de nature infaillible, fuit d'ordinaire devant l'auteur pour ne se recueillir qu'après lui. C'est ainsi que vous arrivez à créer une cause complexe, également fatale, et de la dégénération du talent et de l'appauvrissement de l'esprit pnblic.

Mais sortez enfin de cette funeste doctrine légale qui emprisonne le génie, qui enchaîne son essor et qui, en plus d'un, peut tuer son action : rouvrez, pour tout auteur, les horizons de l'avenir, en lui rendant le noble droit de se sacrifier pour ses enfants par le fait d'un labeur désormais fécond pour eux, s'il reste improductif pour lui; en un mot, restituez aux familles des artistes et des gens de lettres leur légitime héritage, et alors vous ne tarderez pas à voir quels bons et glorieux fruits porte l'hommage rendu aux vrais principes; vous verrez croître encore en grandeur et en éclat l'auréole littéraire du pays, et, de la même main qui aura eu la gloire d'effacer de notre législation une tache qui la dépare, vous aurez tenu plus haut et plus ferme que jamais ce noble drapeau de la France, qui porte, inscrites pour la postérité, non moins brillamment que les triomphes de sa valeur guerrière, les victoires géminées de son intelligence ! »

NOTE

NOMENCLATURE DES DÉFENSEURS DU DROIT LITTÉRAIRE ET ARTISTIQUE PERPÉTUEL

LISTE

PAR ORDRE ALPHABÉTIQUE (1)

DES LÉGISTES, MAGISTRATS, JURISCONSULTES, SAVANTS, GENS DE LETTRES ARTISTES, LIBRAIRES, ETC.

QUI ONT DÉFENDU LE PRINCIPE DE LA PERPÉTUITÉ ET DE L'HÉRÉDITÉ DU DROIT LITTÉRAIRE ET ARTISTIQUE.

—

A

ALPHONSE DE LAMARTINE.
ALPHONSE KARR, homme de lettres.
ALKAN, professeur au Conservatoire des Arts et Métiers.
ALEXANDRE DUVAL, de l'Institut.
AMBROISE THOMAS, id
ANDRIEUX, id.
AUGER, id.
AUGUSTE MAQUET, homme de lettres.
AUGUSTE VITU, id.
ACHILLE JUBINAL, député.

B

BERRYER, avocat, député.
BEAUME, avocat.
BELLART, procureur général.
BLONDEL, avocat.
BENNEVIE, id.
BOUDIER, id.
BREULIER, id.

C

CAMILLE DOUCET, de l'Institut, auteur dramatique.
CHAMPAGNAC (DE), ancien sous-préfet.
CHAMPEIN, compositeur.
COCHU, avocat.
CUVIER (Le baron), de l'Institut.

D

DACIER, de l'Institut.
DELAVILLE, id.
DESPEAUX, avocat.
DESPREZ, id.
DIDEROT, homme de lettres.
DUVERGIER, avocat, conseiller d'État.
DUVERT D'EMALLEVILLE, avocat.

E

ÉDOUARD LABOULAYE, de l'Institut.
ÉDOUARD MONNAIS. id.
ÉMILE DE GIRARDIN.
ÉMILE DESCHAMPS.
ESPREMENIL (D'), conseiller au Parlement.
ESTIENNE, avocat.
ÉTIENNE BLANC, id.
EUGÈNE SCRIBE, de l'Institut.
EUGÈNE PELLETAN, homme de lettres, député.

F

FLOURENS, de l'Académie française.
FERDINAND LANGLÉ, hommes de lettres.
FRANCIS WEY, id.
FRÉDÉRIC BASTIAT, économiste.
FOURIER (Le baron), de l'Institut.
FRÉDÉRIC THOMAS, avocat.

G

GARNIER, avocat.
GEORGES GUIFFRAY, id.
GUÉRONNIÈRE (Le vicomte de la), sénateur.
GÉRANDO (Le baron de), de l'Institut.
GRIMONT, sous-chef du bureau littéraire au ministère de l'intérieur.

H

HACHETTE, libraire.

(1) L'usage a voulu que nombre d'hommes des professions libérales, adoptés avec faveur par l'opinion, fussent signalés particulièrement par l'addition du prénom au nom de famille. Ce prénom fait ainsi partie pour ainsi dire de l'illustration du nom, et je n'ai pas dû les séparer ici. C'est ce qui explique pourquoi c'est la première lettre du prénom qui, dans cette liste alpabétique, fixe l'ordre de la nomenclature.

Hector Bossange, libraire.
Hennequin avocat.
Héricourt (De), id.
Huart (A.), id.
Huart-Duparc, id.
Huguet, id.
Henri Alliez, id

J

Jobard (de Bruxelles).
Jules Simon, publiciste.

L

Lainé, député, ministre.
Lalanne, avocat.
Lally-Tollendal, pair de France
La Rochefoucauld, duc de Doudeauville.
Laya, de l'Académie française.
Le Brun, id.
Leclerc, libraire.
Lemercier, de l'Institut.
Levis-Alvarès, homme de lettres.
Linguet, avocat.
Louis Alloury, homme de lettres.
Louis Joudan, directeur du *Siècle*.

M

Marie, avocat, député, ancien ministre.
Martin d'Oisy, avocat.
Mélesville, homme de lettres.
Michaud. de l'Institut.
Michel Masson, homme de lettres.
Montbron (Comte de), député.
Moreau de Vorme, avocat.
Moriceau, id.

N

Nogent-de-Saint-Laurens, avocat. député.

P

Pardessus, avocat, professeur à l'École de droit.
Parseval, de l'Institut.
Pataille, avocat.
Paul Féval, homme de lettres.
Pialet, avocat.
Philippe de Ségur (Le comte), de l'Institut.
Picard, Id.
Ponsard, Id.
Portalis (Le comte), président de la Cour de cassation.
Prosper Mérimée, de l'Institut.
Pothuin, avocat.

Q

Quatremère-de-Quincy, de l'Institut.

R

Raynouard, de l'Institut.
Roger, id.

S

Saintine, homme de lettres.
Sauvage, auteur dramatique.
Séguier, avocat général.
Siméon (Le baron).

T

Turgot, ministre de Louis XVI.
Talma.
Taylor (Le baron).
Théodore Anne, auteur dramatique.
Thiers (A.), publiciste, ancien ministre, député.
Texier, avocat.
Théophile Gauthier.

V

Voltaire.
Vatimesnil (De), avocat général.
Vincent, avocat.
Victor Hugo.

W

Walewski (Le comte), ministre d'État.

La liste qui précède est nécessairement fort incomplète, quelque recherches que j'aie pu faire ; mais je me propose d'y ajouter ultérieurement, et dans une édition subséquente, les nouveaux noms qui viendront à ma connaissance, heureux d'avoir à rendre hommage à tous les hommes de zèle et d'intelligence qui se sont voués à la défense du principe que j'ai cherché à faire valoir.

50945 — Paris. Imp. Renou et Maulde, rue de Rivoli, 146.

www.ingramcontent.com/pod-product-compliance
Ingram Content Group UK Ltd.
Pitfield, Milton Keynes, MK11 3LW, UK
UKHW020952220726
13924UKWH00002B/634